AF455487

VUES RÉTROSPECTIVES

SUR LA QUESTION D'ORIENT

ET SUR

LE MINISTÈRE FRANÇAIS DU 1.er MARS.

PAR

SPIRIDION CASTELLI.

LEIPZIG,

OTTO WIGAND.

1841.

Rien de plus légitime que de conseiller la guerre à son pays, si on la croit nécessaire.

Guizot, Disc. à la chambre des députés, séanee du 13 avril 1841.

L'observateur politique qui, placé en dehors d'une sphère d'action, n'est pas forcé à détourner son regard sur une infinité d'objets de détail, est souvent en mesure d'apercevoir dans des événemens un enchaînement possible de conséquences qui échappe par fois plus facilement aux hommes tenant le gouvernail des états, plongés par conséquent dans un tourbillon qui les entraîne, et tiraillés en sens opposés par des causes diverses; et c'est cette considération qui influe bien de fois sur le jugement que l'histoire prononce à l'égard des fautes des hommes d'état. Il faut, pour être équitable, ne pas les envisager strictement comme des abstractions de l'homme individu, mais leur faire largement la part qui leur revient des faiblesses de l'humanité.

On n'a le droit d'être rigidement sévère que pour ceux qui, briguant la haute direction des affaires, affichent des prétentions à toute espèce de suprématie intellectuelle, sont prônés par leurs fauteurs comme des génies uniques, et les seules têtes fortes, les seuls sauveurs possibles, dans un cas grave, de l'honneur ou des intérêts d'une nation.

Cependant lorsqu'un événement n'est qu'à l'état de germe et ses suites ne sont pas toutes écloses, l'observateur politique qui n'est pas appelé par sa position à y prendre part, quoique de son regard non distrait et calme il en aperçoive tout l'ensemble, et prévoie les grandes conséquences qui peuvent en résulter, doit s'abstenir de toute révélation précoce: si son intuition, au lieu de se replier sur elle-même, s'épanchait en examens intempestifs, il pourroit contrecarrer un homme d'état qui eût conçu la même idée, mais qui, par des circonstances spécielles, fût contraint, quant à l'exécution, à s'y prendre d'une manière différente de celle qui aurait pu s'être présentée à l'esprit du publiciste observateur; car celui-ci aurait donné l'éveil par ces révélations inopportunes; et lorsque la sûreté de l'état dont relève l'observateur n'est pas en jeu, il est de la dignité de l'intelligence de garder une noble et haute neutralité. Ce n'est que lorsque les faits sont accomplis, quand les combinaisons entrevues par l'intelligence sont devenues désormais impossibles, lorsqu'une grande occasion a été manquée irrévocablement, que le publiciste peut, en quittant son rôle d'observateur silencieux, se faire précurseur ou pourvoyeur de l'histoire, en livrant à ses jugemens la connaissance de faits, qui, comme ils ont passé inaperçus par les contemporains, pourroient se dérober aussi à la connoissance de l'histoire. Et plus une occasion a été grande, plus des états ont couru des dangers parce qu'on n'avait pas été assez clairvoyant sur la possibilité de féconder cette occasion pour donner à un autre état une grandeur aussi démesurée qu'inespérée, plus il est beau de constater, et qu'un événement aurait pu avoir tel ou tel autre résultas, et que des hommes régissant les affaires d'un grand peuple ont commis la faute d'avoir négligé d'en faire leur profit. En frappant d'ailleurs la jactance au défaut de la cuirasse, on peut en même temps fournir aux peuples des données pour puiser d'eux-mêmes dans ces faits bien connus des leçons très utiles: on mettra toujours plus au grand jour de l'évidence ce principe fondamental de toute politique moderne qui aspire à être grande, que puisque les changemens arrivés dans l'art de la guerre, par les accroissemens inouis qu'a reçus l'emploi de l'artillerie dans les combats, rendent nécessaire aussi l'emploi de grandes masses, et d'avoir toujours prêt un immense matériel de guerre, c'est à tenir ses arsenaux toujours pourvus que doit viser une administration éclairée et sage; c'est à organiser la nation de manière que tous y soient soldats, et qu'à toute levée soudaine de boucliers de la part d'un ou de plusieurs peuples, par suite d'un événement quelconque, toute la nation puisse, s'il le faut, courir aux armes, et avoir des cadres tout prêts et tout organisés pour la recevoir.

C'est d'après la convenance exposée plus haut de savoir se taire en certaines occasions, qu'ayant eu dès la fin d'août 1840 une conviction pleine que le ministère français du 1.er mars n'avait point de pensée politique arêtée et fixe, que sa marche étoit chanchelante et à tâtonnement, et qu'il paroissait ne compter dans ses rangs aucun homme d'état, nous n'avons cependant qu'à la fin d'octobre 1840 adressé au Journal des Débats la lettre qu'on lit à la suite de cette brochure, et que ce Journal, quoiqu'infeste au 1.er mars, n'a pas publiée; circonstance dont on s'étonnera peut-être, car on verra que nous y avions exposé nos idées avec les plus grands ménagemens. Nous n'étions pas en l'écrivant, non plus que nous ne le soyons aujourd'hui, sous l'empire des lois françaises de septembre, et non obstant notre langage a été si réservé, qu'il aurait fallu beaucoup de mauvaise volonté et le dénaturer par des interprétations forcées pour que les censures qu'il exprimait eussent pu rejaillir sur des lieux que les fictions gouvernementales dans les pays à constitution, et, hors de ce cas, le respect dû à la plus élevée des magistratures sociales, doivent mettre à l'abri de toute atteinte. Après tout rien de ce qui est survenu postérieurements n'a affaibli notre croyance, que l'étude de la solution, imprévue, et immense dans ses effets, que pouvait avoir, n'a pas eu, et ne peut plus avoir la question d'orient, renferme des leçons qui ne doivent pas être perdues pour l'humanité, et qu'il est utile de poser ce nouveau jalon sur la route si tortueuse et si hérissée de pierres d'achoppement de la politique et de la science des hommes d'état; car ce jalon pourroit bien servir pour s'orienter, si un cas tout-à-fait pareil, ce qui à dire vrai est extrèmement difficile, ou au moins un cas analogue se présentoit encore dans la suite des siècles.

Les journaux français dévoués à la fortune de Mr. Thiers, à l'occasion que la loi des fortifications de Paris a été votée par la chambre des Pairs, ont affirmé, „que „si le ministère du 1.er mars a commis des fautes, il n'y „en a pas qui ne disparaissent devant une mesure si gi„gantesque et si nationale.“

Cependant ce ministère du 1.er mars, heureusement pour l'Europe et pour le monde, a commis une faute si gigantesque et si nationale, qu'aucun service aucun mérite ne saurait point, nous ne disons pas l'effacer, mais même l'expier.

Pour faire bien connoître l'énormité de cette faute, et pour faire bien ressortir qu'il ne suffit pas d'escalader le pouvoir pour être au niveau des affaires et de son époque, il faut cependant rémonter un peu loin, et poser d'abord quelques prémisses.

L'absorption des intérêts particuliers d'une nation dans l'intérêt général de l'humanité, ne sera guère qu'une absurdité, qu'un rêve, aussi long temps que l'humanité sera partagée en peuples et en états différents: c'est un voeu de philanthropie, qui peut parer, si même il ne les dépare pas, des écrits d'utopistes; mais la grandeur, l'élévation, la prépondérance du peuple dont les destinées leurs sont confiées, a été, doit être et sera toujours le but et la règle suprême des vrais hommes d'état; et si bien de véritables luminaires d'entr'eux n'ont pas pu atteindre ce but, c'est qu'ils en ont été empêchés par des circonstances, c'est que leur marche s'est trouvéee entravée ou barrée par ces événemens qui maîtrisent les hommes et se laissent si rarement maîtriser par eux. Tout ce que peut faire un grand homme d'état se borne nécessairement à prévoir à présager la possibilité de ces événemens par cette force d'intuition qui est le partage du génie, et à se mettre préalablement en mesure d'en pouvoir tirer le plus grand parti possible.

Il était nécessaire de poser comme point de départ ce principe clair et incontestable, dont l'histoire tout entière est une démonstration perpetuelle, et qu'on ne saurait nier qu'en prétendant substituer, pour guide des chefs des peuples, aux flambeaux de l'histoire et de la raison, des rêveries, des songes creux, des chimères.

C'est en la personne de Mr. Thiers que le ministère du 1.er mars se résume, car ses collègues, choisis par lui et marchant sous son inspiration, s'effacent, sous le point de vue politique, devant l'éclat dont ce littérateur avait su s'environner.

Mr. Thiers, l'historien de ce drame terrible, qui, engendré par des déceptiones sur la perfectibilité de l'espèce humaine, a, depuis 1789, pendant 50 ans ensanglanté et fourvoyé l'humanité, couvert la France d'un crêpe funèbre dant ces jours de carnage et de meurtres qu'on désigne du nom de règne de la terreur, et laissé dans la pluralité des têtes l'épouvantable vertige de la possibilité du gouvernement de la multitude, Mr. Thiers était parvenu à éblouir, ses compatriotes surtout, par son livre, que l'histoire n'aura pas garde d'avouer, et par cette parole facile et brillante qui lui est propre, mais dont on pourroit demander, si elle n'est pas aussi loin de la véritable éloquence, que son oeuvre l'est de la véritable histoire; car celle-ci eût stigmatisé et non raisonné les crimes de la populace, et par des nobles et chaleureuses émotions de sentiment revolté, elle aurait décèlé, si ce ne fût pas horreur, au moins improbation du fléau, du cataclysme moral qui a signalé la fin du dernier siècle par un bouleversement général de la civilisation et de l'ordre.

Il est vrai que Mr. Thiers dans ses efforts pour parvenir au pouvoir, et pour le resaisir toutes les fois qu'il lui échappait, a fait preuve d'une merveilleuse dextérité: tribun populaire sous la restauration, il avait su habilement louvoyer, depuis la révolution de 1830, entre le principe conservateur et la gauche, entre les penchans de l'absolutisme et les convoitises démocratiques, se donner l'air de s'immoler à plusieurs réprises à des profondes et patriotiques convictions, se mêler à toutes les intrigues, les dominer, se targuer de la peur d'émeutes, mettre en jeu l'épouvantail de l'anarchie, et basculant l'opinion publique entre la restauration par l'étranger et l'effroi du renouvellement du règne de la terreur, transiger avec les répugnances du pouvoir, tout en flattant des espérances opposées à un tel point, que le parti novateur était toujours prêt à se ranger tout entier sous sa bannière.

Il était donc très naturel que l'avénement du ministère du 1er mars, à une époque où la question d'orient ouvrait un vaste champ au talent souple et habile de l'homme d'état, éveillât les défiances de tous les cabinets. Effectivement il était difficile de prévoir quelle aurait pu être la solution des graves complications turco-égyptiennes, et quelles entraves à s'asséoir sur cet histme de Suez d'où la Grande-Brétagne peut surveiller, protéger, atteindre rapidement son vaste empire des Indes, aurait pu jetter à la traverse de l'Angleterre un ministre qui, disposant de la force et des ressources d'une population compacte et homogène de 34 millions d'hommes, eût été doué du don de seconde vue en politique, même si ce ministre n'eût pas donné, autant que Mr. Thiers, des indices positifs d'un caractère souple, et planant de bien haut sur tout scrupule à faire son profit d'une occasion favorable quelconque.

Jusqu'au moment où le ministère du 1er mars parvint aux affaires, le rôle de tout homme d'état par rapport à la question d'orient ne pouvait être nécessairement qu'un rôle d'expectation et d'attente. Ce n'est pas ici le lieu de discuter si la composition de l'armée égyptienne, qui devait être bien connue des hommes séant dans les cabinets des puissances, ne justifie pas complétement les dévanciers immédiats de Mr. Thiers, qui ont su, après la bataille de Nisib, en se donnant l'air d'arrêter Ibrahim par des sommations, empêcher le débordement des Russes sur le Bosphore, et prévenir la solution forcée des affaires du Levant par une seule des grandes puissances européennes, au lieu que par le concert de toutes. Toujours est-il, que, comme on le verra ci-après, un élément immense de prépondérance étant à la disposition du pacha d'Égypte, il étoit sage d'attendre jusqu' à ce que les circonstances ou la dextérité diplomatique eussent eu amené Méhémet-Ali à ne pouvoir disposer de ce grand élément de puissance que d'une maniere unique, ou mis à même de le neutraliser en ses mains. Il fallait donc guetter l'événement, et tout ou plus se préparer tacitement à y puiser tous les avantages possibles, si la chance eût tourné en faveur de sa propre nation.

Mais lorsque Mr. Thiers fût nommé président du conseil et ministre des affaires étrangères au 1er mars, l'état des affaires d'orient changea tout-à-coup; l'opinion exagérée qu'on avoit conçue de son talent, le manque de persuasion en sa droiture et bonne foi politique, et les antécédens de ses efforts pour décider son gouvernement à intervenir en Espagne, ayant éveillé les défiances de la diplomatie européenne, elle jugea qu'il fallait hâter l'arrangement de l'orient, et ne point laisser de temps à la grande dextérité présumée en Mr. Thiers et à son humeur guerroyante, pour préparer un dénouement de sa façon, dans le but peut-être de tenter la réalisation de l'empire arabe et la substitution de la dynastie fondée par le destructeur des Mameloucks à la maison d'Osman, ce qui eût entraîné l'asservissement de l'orient aux intérêts exclusifs de la France. L'Angleterre en conséquence et la Russie se rapprochèrent, et on demanda vivement la coopération de la France à une solution coërcitive, qui repoussât le pacha des frontières de l'Asie Mineure par delà la Syrie dans les limites de l'Égypte, s'il n'adhérait pas à y rentrer volontairement.

La conduite de Mr. Thiers parut alors être telle qu'elle aurait été effectivement de la part d'un homme d'état. Il fit par irrésolution, par politique bornée et rétrécie sans plan et sans but, qui voulait faire quelque chose et ne savait pas quoi faire, ce qu'aurait fait un ministre dont l'oeil pénétrant eût percé dans l'avenir, et dont l'esprit calculateur eût découvert l'issue, inattendue et à proportions de géant, qu'aurait eu cette affaire d'orient, d'après le parti arrêté dans la diplomatie europeénne d'en venir à bout sans délai et par la force: un homme d'état aurait laissé arriver l'événement par projet et délibérément, comme Mr. Thiers le laissa arriver effectivement, mais sans savoir pourquoi. Il aurait temporisé de même et fait traîner en longueur la négociation; il aurait de même travaillé l'esprit du pacha; fomenté secrètement son ambition, son opiniâtreté, sa tendance à braver l'orage et à résister, tout en lui donnant ouvertement et avec une publicité apparemment franche le conseil de céder: mis en demeure par les cabinets d'en finir et de conclure, il aurait par des faux-fuyans prolongé autant que possible son état d'indécision; il se serait rabattu sur la gravité des affaires algériennes, et sur sa nécessité d'étouffer le cri d'indignation qui élevé par la presse opposante, à son instigation sans qu'elle le sût, avait un retentissement dans toute la France, et le contraignait à donner tous ses soins à dompter cette Numidie ressuscitée à la voix d'Abd-el-Kader; enfin sommé définitivement de signer dans un temps donné, il l'aurait laissé expirer sans refus et sans consentement, et amené les puissances à faire ce qu'elles firent, un traité entr' elles avec exclusion de la France.

Voyant Mr. Thiers se conduire réellement de la sorte dans les premiers mois de son ministère, le petit nombre de personnes qui suivent d'un oeil scrutateur la marche des événemens restait en suspens; elles ne savaient que penser. Dans les gouvernemens percés à jour, comme l'est tout gouvernement où la presse est libre, il est difficile que, quelqu'art qu'un ministre y mette, le publiciste clairvoyant, le calculateur habitué à intégrer les differentielles politiques, ne démêle, lors qu'il y en a, quelques symptômes d'arrière-vues dans la conduite de ce ministre. Rien de cela ne transpirait dans le laps de temps qui s'écoula entre le 1er mars et le 15 juillet. Ce problème se présentait irrésoluble: comment Mr. Thiers se conduit-il de manière à isoler la France, à décider les puissances à en finir sans elle avec le pacha d'Égypte, et comment est-il possible qu'aucune de ces démarches, qui peuvent échapper à la surveillance des diplomates, mais dont les penseurs transpercent le voile quelqu' épaisse qu'il soit, ne décèle en Mr. Thiers un dessein tracé, un but auquel il vise; comment sépare-t-il la France de l'Europe, et ne lui ménage-t-il pas les moyens de prendre une revanche, légitimée par un rejet en dehors du concert européen qui n'eût pas été apparemment de son fait, n'ayant été provoqué par aucun acte hostile de sa part?

Survint l'affaire des souffres du royaume de Naples. Il n'appartient qu'à l'histoire de prononcer des sentences, qui pour être tardives n'en sont que plus éclairées, sur certaines circonstances que des contemporains ne parviennent jamais à dégager tout-à-fait d'une certaine enveloppe brumeuse et décevante. C'est donc l'histoire qui jugera si à la veille de passer à des mesures coërcitives contre l'Égypte, en présence d'un ministre à la tête de 34 millions d'hommes et dont on redoute le génie, il était sage de la part de l'Angleterre de se tirer sur les bras, pour une pauvre question commerciale, une gêne nouvelle, un empêchement à avoir ses coudées franches, en froissant par des sommations hautaines et des voies de fait l'amour propre d'un jeune monarque et les susceptibilités de tout un peuple. Mais ce qui n'a pas besoin de la posterité pour être jugé, c'est, qu'une médiation offerte pour opérer une réconciliation, ne pouvait être dans les circonstances de cette époque que le comble de la dextérité ou de l'impéritie.

Oui, un homme d'état aurait, comme le fit Mr. Thiers, proposé la médiation de la France, mais pour mieux endormir l'Angleterre, pour la mettre au plus tôt entièrement à son aise et à même de se tourner tout entière à cet arrangement de l'Orient dont elle se préoccupait avec tant d'ardeur, mais pour l'affermir dans sa décision de passer outre, si elle n'obtenait pas le consentement d'un ministère qui parût assez niais, pour arranger une affaire, que, n'eût ce été dans le but d'attirer l'Angleterre dans un piège, il aurait dû compliquer, envenimer; en affermissant le roi de Naples dans ses dispositions naturelles et justes de resistance, en l'encourageant à repousser les provocations anglaises par des démarches courageuses et extrêmes, il eût amené la réalisation de la menace des Anglais de lancer sur la Sicile mécontente le prince de Capoue; les commotions qui s'en seraient ensuivies, ne pouvant rester sans contrecoup dans le reste de l'Italie, auraient déplu à l'Autriche; celle-ci, alarmée pour ses états Italiens, n'aurait pu qu'éprouver de l'éloignement pour un cabinet qui en compromettait légèrement la tranquillité, ce qui eût retardé, si même il ne l'eût pas dissous tout-à-fait, cet accord des quatre puissances qui était à la veille de trancher par l'épée le noeud de la question orientale.

Mr. Thiers se porta effectivement médiateur entre Naples et l'Angleterre, et il parvint facilement à éteindre cette étincelle de guerre. Le résultat fût tel qu'un homme d'état l'aurait prévu; l'Angleterre ne tint aucun compte à la France du service qu'elle venait de lui rendre; le ministère britannique, fidèle à la maxime de l'intérêt national avant tout, le lendemain de l'arrangement de l'affaire de Naples, signa, sans la France, le traité du 15 juillet.

Il ne faut pas un grand effort de raisonnement pour comprendre, que dans une affaire assez majeure pour que toutes les grandes puissances jugent opportun de concourir à son arrangement, un grand intérêt doit être en jeu pour tous, et que si un grand état appellé à y donner la main ne le fait pas, ce doit être parce qu'il croit que ses intérêts s'y opposent et en seraient lesés; et que si non obstant son refus, direct ou indirect, exprimé ou tacite, les autres puissances le négligent, s'en disjoignent et le rejettent hors de leur cercle, cet état a tous les droits de pourvoir par lui même à ses intérêts.

Quelque parti décisif et soudain qu'un état pût prendre dans des circonstances pareilles, il est facile de le justifier par les exemples, dont l'histoire fourmille, qu'il faut toujours conjurer un danger réel ou que l'on craint; et, sans remonter bien loin, par ceux de l'histoire contemporaine. Si une nation qui est ou se croit compromise par un traité fait à son insu ou à son exclusion, a le moyen d'en briser les instruments d'exécution dans les mains qui les tiennent, fera-t-elle une démarche que l'équité que l'histoire puissent improuver comme l'attaque et la saisie des quatre galions espagnols par l'Angleterre en 1804, sans aucune provocation de la part de l'Espagne, avec qui l'Angleterre étoit en paix, parce que le cabinet de St.-James jugeait que cette paix aurait pu se rompre plus tard; ou comme le bombardement de Copenhague et l'enlèvement de la flotte danoise en 1807, ou comme l'envahissement de la Floride en 1818 par le général Jackson et les États Unis d'Amérique en état de paix avec l'Espagne, ou enfin comme la destruction de la flotte turque à Navarin? Assurement non. La raison d'état n'admet point cette étroite rigidité qui sied bien à l'individu, mais dont il faut savoir s'affranchir quand il s'agit de ces mesures qui sont la sauve-garde de tout un peuple, ou qui accélèrent son élévation et son agrandissement.

De ce que nous allons ajouter il résultera, que l'Europe entière par l'exclusion de la France du traité du 15 juillet a couru un grand danger. Elle ne doit qu'à l'imprévoyance, à l'absence d'un grand homme d'état dans le cabinet français d'y avoir échappé avec un tel bonheur, qu'on ne peut pas même dire qu'elle en ait été quitte pour la peur, car il paraît que personne n'a pas même eu cette peur. Si les diplomates qui ont signé le traité du 15 juillet eussent couru la chance de ce grand danger européen par conviction, acquise en observant ses oeuvres, que le ministère du 1er mars était effectivement aussi niais qu'il aurait pu et dû vouloir le paraître s'il avait été extrêmement habile, on ne saurait que les féliciter d'un coup d'oeil si juste, d'un jaugeauge intellectuel que l'événement aurait prouvé avoir été si mathématique, d'une résolution que le succès a couronné complétement et au delà de toute attente. Mais il serait toujours démontré que c'eût été par une espèce de divination qu'ils auraient agi, et que comme la suprême habileté de la part du ministère français eût dû consister à paraître bien ingénu, bien candide, bien diaphane, ils pouvaient être pris à l'improviste, et voir déjoués des calculs fondés sur une base qui n'est admissible en politique qu'après une expérience bien constatée bien flagrante, le manque de tout talent dans ses antagonistes.

Des circonstances qu' aucun savoir, aucun génie, aucun homme d' état, telle tête à créations qu' il eût pu être, n'aurait pu enfanter, créer, les réunir en chaîne solide et susceptible d' enlancer l'avenir, avaient mis sous la main du pacha d'Égypte un élément de puissance, nul, invalidé en sa possession, irrésistible si un souffle de vie fût venu le tirer de l'engourdissement et l'animer. C'était la réunion dans le port d'Alexandrie de 40 voiles de guerre à peu près, vaisseaux de ligne et frégates, dons se composaient les flottes turque et égyptienne.

L' Angleterre avait signé le traité du 15 juillet n'ayant qu'une force navale de vingt sept vaisseaux de ligne commissionés et trois grandes frégates, mais de ces 27 vaisseaux à états-majors nommés, 18 seuls, dont trois aux Indes, et les frégates étaient en état d'agir; encore leur armement n'était pas au grand complet; elle avait bien sur ses chantiers de sept à huit vaisseaux en construction; mais, quelqu' empressement qu' en eût pu y mettre, quelqu'effort qu'on eut fait pour en hâter l'achévement, ils n'auraient pas pu prendre la mer, comme ils ne le purent, que plusieurs mois après cette époque. C'est un fait reconnu. Les deux chambres du parlement britannique ont retenti de cris d'indignation à cet égard; l'amirauté et le ministère ont été en butte aux plus amers reproches pour cette incurie monumentale, et pour avoir laissé déchoir, se rapetisser, rabougrir à des proportions si minimes la puissance maritime de la dominatrice des mers.

La France avait dans le levant une flotte supérieure en vaisseaux aux quinze dont se composait l'escadre anglaise de la Méditerranée, la seule en état de se battre. Aussitôt que le pacte de coërcition du 15 juillet eût été conclu et signé, le ministère du 1er mars, qui d'ailleurs, comme nous le détaillerons plus loin, aurait dû et aurait pu s'y préparer s' il avait été inspiré par une grande pensée, le ministère du 1er mars, disons nous, aurait dû envoyer sur le champ un homme d'action et de confiance, et il avait l'amiral Baudin qui venait d'avoir fait ses preuves à St.-Jean d' Ulloa, prendre le commandement de son escadre du levant, et la conduire sur le champ à Alexandrie: il aurait été porteur d'un acte secret de garantie de la part de la France de tout ce que le pacha possédait, et de l'érection de ses conquêtes en état souverain et indépendant, à la condition qu' il eût mis, sans perdre un instant, à la disposition absolue de la France son escadre et la flotte turque. Il n'est guère possible de prévoir nous ne disons pas la probabilité, mais la possibilité même, que Méhémet-Ali, menacé s'il n'obéissait pas d'être mis au ban par toute l'Europe, eût repoussé cette alliance offensive et défensive qu'il appellait de tous ses voeux, ce moyen inespéré de conjurer l'orage prêt à fondre sur lui: sa fierté et la résistance qu' il opposa seul et délaissé, sont plus que des indices qu'il ne l'aurait fait jamais, et que, comme il l' exprima si souvent dans ses entretiens avec les agens de la France, il eût envisagé comme le plus grand bonheur d'acquerir son appui et son concours au prix de quelque concession que ce fût. Mais eût-il refusé, l'homme d' état qui s'aurait laissé isoler dans le but de faire profiter à son pays l'entassement fortuit de forces navales à Alexandrie, aurait dû être en mesure de forcer la main au pacha, comme nous le prouverons plus tard, d'enlever même les deux flottes, et d'en remplacer rapidement les équipages, que dans le cas très vraisemblable de son adhésion, il eût suffi de pouvoir compléter, en les plaçant toutesfois sous le commandement d'officiers français. Les officiers turcs et égyptiens auraient été honorablement déplacés en les appelant à servir sur les vaisseaux français; ainsi l'orgueil national n'aurait pas été froissé dans leurs personnes, et sous l'apparence de vouloir les habituer à son bord aux manoeuvres françaises, pour l'harmonie et l'ensemble dans les opérations des escadres lorsqu' ils eussent repris la direction de leurs vaisseaux, l'amiral français en eût fait de véritables otages.

Il est donc assez démontré, par le raisonnement et par le fait de la lutte courageuse engagée par le pacha tout seul, que c'eût été une supposition absurde que la nécessité de placer Méhémet-Ali, d'une maniere ou d'autre, dans le cercle de Popilius. Il n'aurait pas seulement de plein gré consenti, il se serait trouvé très heureux de resserrer si étroitement ses liens avec la France par la jonction immédiate de ses forces: la garantie de ce qu'il avait deja acquis, le leurre s' il le fallait d'un meilleur arrondissement, d'un élargissement même de ses frontières à l'époque d'un arrangement final, ses anciennes sympathies, son orgueil flatté, son intérêt par dessus tout, l'eussent facilement déterminé à confier ses forces navales à la France: la marine turque et l' égyptienne, aux quelles on aurait fait, une fois en route, la révélation que le moment de venger le désastre de Navarin allait arriver, auraient aspiré avec enthousiasme le souffle de vie que la valeur et la science seraient venues répandre au millieu d'elles.

Le but de la course rapide de la flotte française d' Ourlac à Alexandrie aurait dû être habilement masqué par des bruits, qu'on aurait laissé courir et que la presse aurait accueilli avidemment, que la France voulait rendre à son ancien ami le bon office de le dissuader d'une résistance inutile, et, quoique se tenant hors du traité, pourvoir à ce que le repos du monde ne fût éventuellement troublé par l'opiniâtreté de Méhémet-Ali: et que précisement à cause de son caractère connu, on avait laissé facultatif au médiateur de s'entourer, s'il le croyait, de l'appareil et de la présence de la force.

Nous convenons que, malgré la précaution de s'abstenir de jetter, comme on le fit, les hauts cris pour la conclusion du traité, on n'aurait été que pendant vingt ou trente jours au plus la dupe de ces bruits sur des insinuations si pressantes, et bénévoles jusqu' à leur donner l'apparence d'une disposition à les changer en contrainte, et à faire tout seul et dans un point capital la besogne de toute l'Europe; mais aussi quelques jours auraient suffi pour faire sortir toués par des bateaux à vapeur les gros bâtimens des passes du port d'Alexandrie, pour ravitailler au mieux les trois escadres, et pour effectuer les changemens dans l'armement et le commandement des vaisseaux ralliés que réclamaient la prudence et le but d'assurer l'exécution du projet.

Si des vaisseaux anglais, quoique pris au dépourvu, et dans la supposition que la flotte britannique n'eût pas eu pour le cas des instructions spécielles, se fussent présentés inopinément et pacifiquement, ou dans le but d'explorer ce qui se faisait à Alexandrie, comme tout aurait dû rester secret jusqu' au moment d'apareiller, on leur eût donné facilement le change en répandant que la flotte turque, la première à être extraite, allait être rendue par le pacha à la Porte, ramenée, comme gage spontané de soumission, à Constantinoples sous l'escorte de l'escadre française.

On voit qu' au bout du compte il aurait suffi d'aller vite et tout droit à son but, sans hésitation et sans détours; et que le délai des sommations à faire par les consuls au nom des quatre puissances signataires du traité, venaient merveilleusement à propos pour gagner tout juste le temps strictement nécessaire.

Enfin, quand tous les préparatifs de jonction eussent été achevés, et il aurait fallu y procéder, nous ne cesserons pas de le répéter, avec la rapidité de l'éclair, l'amiral français aurait mis à la voile, et arrivé en vue de l'escadre anglaise il aurait envoyé à l'amiral Stopford la déclaration de guerre de la France à la seule Angleterre, dont il aurait été porteur dès son départ de Paris, et aurait tout de suite attaqué, écrasé, détruit cette flotte unique de la Grande Bretagne. Quelques prodiges de valeur qu'elle eût pu faire, et elle en aurait fait de bien éclatans, et quelques chances favorables pour elle qu'on veuille supposer, elle aurait dû succomber, anéantie dans une lutte, égale par la valeur et la science, mais énormement inégale quant à la force, car soixante et dix voiles de guerre en auraient combattu quinze ou seize.

Mais il aurait fallu ne s'endormir point sur ces faciles lauriers: le moment était venu par un hazard, qu'on tolère ces nécessaires redites, qui n'aurait pas pu être l'oeuvre d'aucune sagacité humaine, de réaliser en faveur de la France cette thalassocratie, cette suprématie de la mer, qui a été le but constant des guerres entre les grands peuples anciens et modernes. Les vainqueurs auraient dû se rendre aussitôt après la défaite des Anglais dans la mer Noire, et y faire éprouver aux forces navales et aux établissemens maritimes des Russes les mêmes désastres encourus par la flotte britannique; la saison était favorable pour voler ensuite de la mer Noire au Nord, et il y a toute raison de croire, que la grande flotte française, grossie du grand nombre de vaisseaux de guerre dont elle eût fait sa proie, de ceux armés sur ces entrefaites en France, et ayant reparé ses pertes par des renforts en hommes qui l'eussent réjointe tandis qu'elle aurait longé les côtes de la patrie et vogué dans la

Manche, eût rencontré et détruit à la mer la flotte russe de la Baltique.

Mais dans le cours des trois ou quatre mois qu'il aurait fallu employer pour accomplir ces grands exploits, par lesquels il eût été prouvé que l'exemple n'est jamais donné en pure perte par rapport à la politique, et que les leçons britanniques des galions espagnols et de Copenhague, et celle de 1809 de déclarer la guerre au moment même de refouler les avant-postes, avaient profité au monde, le patriotisme des Anglais se serait réveillé soudain, et eût enfanté des miracles; ils auraient rappellé des mers lointaines tout ce qu'il leur eût été possible de faire revenir du peu de forces navales qu'ils y tiennent éparpillées, et ils auraient lancé à la mer pour la fin de l'année les vaisseaux en construction sur leurs chantiers que, n'étant pas pressés, il mirent cependant en commission pour la fin de mars 1841, ayant à cette époque augmenté l'effectif de leur flotte de sept vaisseaux de ligne et de sept grandes frégates de 50 canons. Quant aux vaisseaux, ils en armèrent bien neuf; mais en ayant dû désarmer deux de l'escadre de la Méditerannée, leur force navale à la fin de Mars 1841 n'était que de 34 vaisseaux de ligne et dix grandes frégates. Donc par un des ces efforts qui sont possibles à l'orgueil national blessé et à la richesse, ils eussent équipé, armé pour la fin de 1840 une nouvelle escadre, mais pas même égale, il s' en faut bien, à celle périe dans la Méditerrannée. La grande flotte française revenant de la Baltique, accrue des captures radoubées et armées dans ce laps de temps, et des nouvelles et nombreuses constructions que la

France aussi avait sur ses chantiers, et que dans la verve du triomphe elle aussi eût achevées et plus facilement, eût atteint et détruit par l'immense supériorité du nombre la nouvelle création de sa rivale, pour laquelle le sceptre de la mer eût été brisé à tout-jamais. Que de temps, que d'efforts de la part de l'Angleterre, que de fautes inconcevables de celle de la France n'eussent pas été nécessaires, pour que la reine detrônée de l'océan eût pu en resaisir le sceptre! La possibilité de ce recouvrement du trident de Neptune, arraché si hereusement et si violemment de ses mains, est encombrée de si grandes et si nombreuses difficultés, qu'elle échappe à tout calcul de probabilités; l'empire exclusif de la mer eût été acquis à la Franco pour un siècle au moins, et jusqu' à ce que l'Amérique naissante eût grandi et mûri. Mais les conséquences immédiates de ce grand coup frappé par la France eussent été immenses, et parmi celles-ci, la perte pour l'Angleterre de son empire de l'Inde et de ses îles à sucre se présente en première ligne.

L'Angleterre aurait subi la peine du talion; elle aurait vu retorqué sur elle le sort qu'elle fit éprouver à la France pendant les guerres de Napoléon; elle aurait eu beau bâtir des vaisseaux, si on lui en eût laissé les moyens; à son tour elle les aurait vus soumis à la destinée des constructions maritimes de l'empire français, ou de pourrir bloqués dans les ports, ou d'aller grossir les forces ennemies dès le premier moment qu'ils eussent quitté la plage natale qui les avait abrité.

Il est évident que la fortune avoit réalisé pour la France, avec bien peu de peine de sa part si ce n'eût été l'emploi d'une politique éclairée et prévoyante, ce que Napoléon avait tenté audacieusement, en tâchant de fourvoyer les flottes anglaises à la poursuite des siennes dans des mers éloignées, pour que celles-ci, rebroussant chemin tout-à-coup et ralliant les escadres espagnoles, se fussent réunies dans la Manche, qu'elles auraient balayée pendant quelques semaines au nombre de 60 vaisseaux, écrasant par cette grande disproportion les Anglais au fur et à mesure qu'ils y fussent revenus de leur chasse inutile, et assurant sa descente en Angleterre; plan de géant, qui avorta par l'impéritie de Villeneuve, les vents contraires, la difficulté de se réunir après des courses si divergentes et si longues, et surtout devant le nombre et l'excellence en fait d'art des forces navales britanniques à cette époque. Mais à celle dont il est question, le hazard avait pris soin d'élaguer tous ces élémens de mauvais succès: soixante-dix vaisseaux de guerre se fussent trouvés réunis près d'un port qui en offrait quarante concentrés dans ses bassins; on n'avait qu'a y mettre dessus la main; on aurait rencontré l'ennemi après une course bien courte; d'après toute vraisemblance il aurait été pris au dépourvu: on aurait pu opérer avec ensemble, ayant toutes ses forces sous ses yeux; l'émule qu'on allait combattre avait laissé déchoir sa marine pendant une paix très longue; l'essor qui lui avait obtenu de si éclatantes et si nombreuses victoires avait faibli; la supériorité du nombre avait disparu, ou même elle avait tourné; celle du talent était désormais douteuse; Albion n'avait plus qu'une flotte inférieure à celle que le hazard créait à la France dans la proportion de un à cinq. Anglais et Russes, les seuls ennemis sérieux que la France eût pu rencontrer sur mer, et peut-être même sur terre, allaient être battus l'un après l'autre et en détail.

Nous avons, au commencement de cet écrit, établi assez clairement ce que doit être et à quoi doit viser un homme d'état, pour craindre qu'on nous objecte sérieusement qu'il n'eût pas été honorable de vaincre en se ménageant une si grande disproportion de force; et quant à la flétrissure d'une marche fallacieuse dans toute la conduite de cette affaire, nous l'admettrons quand on nous prouvera, par l'histoire et par la psychologie, que ce n'est pas à des hommes d'état, mais à des ministères chevaleresques et don quichiottistes qu'il faut confier les destinées des peuples.

Des objections qu'on tirerait de l'état des armemens de la France à l'époque du 15 juillet, ne sauraient pas être plus concluantes. Il est difficile de penser que l'Angleterre étant frappée à mort, et la Russie sous le coup des désastres éprouvés par sa marine, les deux autres puissances signataires du traité, surtout si la France eût mis en avant des idées de modération à leur égard, eussent voulu engager une lutte acharnée avec cette nation de 34 millons d'hommes, compacte, belliqueuse, entreprenante, que l'Europe tout entière n'était parvenue à dompter que lorsqu'un demi million de ses braves avait été englouti dans les neiges des steppes moscovites, quand sa marine était au néant, le découragement la démoralisation s'étaient emparés de ce peuple après les ravages d'une guerre de vingt ans, et l'entêtement du chef qu'elle s'était donné, bien plus grand capitaine qu'homme d'état, avait lassé la fortune. Mais dans notre hypothèse, c'eût été à la France reposée, retrempée, rajeunie par la restauration qu'elles auraient eu à faire, à cette France qui en 1793 était dans un dénuement militaire sans contredit bien plus grand que celui que la révolution de 1830, de l'aveu de ses partisans eux-mêmes, avait fait à la France, et qui cependant fit pousser de son sol, crevassé, déchiré, arrosé de sang à torrens par la guerre civile, quatorze armées et un immense matériel, dont, quelque dépourvue que l'en eût rendue en 1840 le gouvernement de juillet, elle aurait promptement reparé le défaut.

Les cabinets des grands états continentaux si avisés et si circonspects, et à qui la sagesse semble inféodée dans les personnes de leurs monarques et de leurs ministres, à un tel degré que depuis longtemps ils n'ont rien fait par fougue et par emportement, et ont paru affranchis de la maladie des positions suprêmes, les vertiges du pouvoir, ces cabinets, qui d'ailleurs n'étaient pas eux-mêmes non plus en mesure d'entrer en campagne sur le champ*), ne se seraient pas décidés si facilement à courir les chances d'une telle guerre avec une nation qui est une inépuisable fourmillière de soldats, et qui, devenue dominatrice souveraine de toutes les mers, pouvait, par une flotte de deux cents vaisseaux de guerre et de cent vaisseaux à vapeur, lancer sur toute plage qu'elle eût choisi, des armées brûlantes de racheter par des nouveaux triomphes ce que dans ses annales militai-

*) Voyez à la fin la note A.

res avaient pu laisser de sombre et de terne les échecs des derniers temps de l'empire. Ils auraient senti que des gigantesques succès sur mer, et la vue de ses anciens rivaux foudroyés, devaient remplir cette nation si vaillante d'une vie toute nouvelle d'enthousiasme, et de cette ardeur de gloire que propage et rend contagieuse pour des hommes de coeur l'enivrement des victoires: ils auraient réfléchi qu'ils eussent eu à faire avec un peuple qui même dans les revers s'était montré redoutable et grand; car il ne faut pas oublier qu'après la destruction totale de la fleur de l'élite de ce peuple par les frimats du nord, il avait reparu sur les champs de bataille de Lutzen et de Bautzen et y avoit vaincu: et qu'on n'aille pas dire qu'il avait dû ces lauriers au génie de son général, car alors le talent militaire de ce grand guerrier était déjà bien loin de son périhélie; il était au contraire à l'époque de son plus grand déclin; et effectivement n'est-ce pas après ces victoires de Lutzen et de Bautzen, remportées par des fantassins sans cavalerie, qu'il commit la faute, aussi gigantesque que le plus gigantesque de ses hauts faits, d'accorder aux vaincus un armistice qui donna le loisir à la Russie de faire avancer et entrer en ligne ses réserves, à l'Autriche de compléter ses armemens, et à la Prusse de donner les plus grands développemens à ce patriotisme de feu qui fit surgir tout-à-coup un peuple de héros d'une terre foulée depuis longtemps par le pied d'airain de la conquête; n'est ce pas alors que Napoléon laissa parqués et claquemurés dans des malheureuses forteresses deux cent mille vétérans, tandis qu'il aurait dû faire sauter toutes ces inutiles murailles, et appeler aux combats ces nombreuses légions qu'il y tint enfermées avec une imprévoyance si funeste et si mortelle?

Nous poserons ici des bornes à l'exposé des conséquences qu'eussent été inévitables dans cette solution de la question d'orient qui se présentait presque d'elle-même à la France, si le sort des grands peuples pouvait n'être confié qu'au vrai talent, et s'il n'arrivait pas, comme il n'arrive que trop souvent, que l'humanité s'y méprend, et croit que tantôt une facile volubilité de verbiage, tantôt des locutions prétentieuses dont on voile le creux de certains écrits, la morgue d'avoir le verbe haut en toute occasion, la hardiesse de trancher du guerrier, du législateur, du génie, tandis qu'on n'est qu'un imitateur routinier et borgne, suffisent pour opérer des miraculeuses métamorphoses en hommes d'état.

Il se passera peut-être des siècles avant qu'une combinaison semblable se présente de nouveau; l'occasion en a été manquée complétement; le grand bouleversement de rapports politiques et sociaux qui en serait résulté n'est plus possible; les nations, grace à Mr. Thiers, sont restées dans leur assiette, ou sont rentrées dans l'ornière des événemens ordinaires; mais il est bon de constater, que l'asservissement des mers au moins de la part de la France n'a tenu qu'au manque absolu d'un homme qui ait su, nous ne disons pas lire dans l'avenir, mais voir avec l'oeil d'un homme d'état des choses qui se passaient sous ses yeux, et entortiller dans sa main ferme et athlétique la mèche unique de cheveux que garde l'occasion chauve, et qu'elle frôlait à ses doigts.

Quand on aura parcouru, médité cet écrit, il sera bien difficile qu'on parvienne à nous refuter par des objections solides. Tout au plus on pourrait se retrancher derrière des banalités, que tout succès d'expéditions maritimes est chanceux; que s'il n'était guère probable, il était possible que ce grand dessein eût avorté par quelques unes de ces circonstances imprévues qui se jettent quelquefois à travers des conceptions les plus heureuses. Eh bien! au pis aller il en serait résulté une guerre. Mais Mr. Thiers n'a-t-il pas fait peser sur la France la menace d'une guerre; n'accabla-t-il pas son budjet de frais énormes, et tels qu'une guerre n'en aurait pas entrainé de plus grands. La tentative de rendre le peuple français la première et la plus puissante des nations, eût-elle avorté entièrement, n'aurait fait que le laisser au point où il reste; mais il y reste avec la charge de payer une guerre qui n'a pas été, heureusement pour la civilisation, qu'à l'état d'embryon, et qui au moment de son écloison ne se développa qu'en perturbation des finances à l'intérieur et en déconsideration au dehors, au point d'envisager comme un bonheur, après avoir perdu toute esperance de se conserver prépondérant en orient, et s'être disillusioné sur le domaine du lac français, orgueilleuse dénomination qu'on aimait à donner à la Méditerranée, de pouvoir faire amende honorable, et par une soumission tardive aux faits accomplis, accepter presque en rampant la rentrée dans le concert des cabinets que l'Europe voudrait bien lui octroyer.

Mais admettons, ce qui n'était aucunement vraisemblable, que des malheurs eussent été le résultat de cette tentative colossale, et que l'animadversion nationale se fût appesantie sur son auteur; il eût été toujours à envier le sort du ministre qui fût tombé victime d'une conception empreinte de tant de hardiesse et de grandeur; et si la responsabilité des ministres dans les états constitutionels eût fait porter sur le billot, pour assouvir l'exaspération populaire, une tête qui eût succombé sous les efforts d'un enfantement si prodigieux, une telle fin même eût été glorieuse, la mémoire de cet homme d'état ne serait passée à la posterité qu'environnée d'une auréole radieuse de gloire et de patriotisme, et jamais l'oubli ne serait parvenu à jetter sur son nom les flots de sa robe de rouille: mais, outre que cette crainte-là eût été chimérique, car il parait que, malgré les forfaits des terroristes français en ce genre, l'humanité est trop avant dans sa marche de civilisation comparée pour qu'on préfère désormais les croix carthaginoises au noble exemple du sénat romain qui envoit porter en son nom des consolations au consul vaincu à Cannes par sa faute, est ce une pareille crainte que pourrait arrêter un grand homme?

Il est clair que ce n'est que pour forcer dans leurs retranchemens les plus reculés les objections qu'on pourrait élever contre notre hypothèse, que nous avons employé quelques mots á discuter ces possibilités sinistres: il doit être assez prouvé pour toutes les têtes logiques, qu'on saurait concevoir difficilement et difficilement déterrer dans l'histoire une entreprise sur la quelle les adversités pussent avoir moins de prise.

Il faut cependant aller à la rencontre d'une objection apparemment plus grande qu'on pourrait soulever. Dans une monarchie constitutionelle un ministre, pourrait-on nous dire, n'est pas le pouvoir exécutif: il ne peut pas, comme un chef militare qui se serait arrogé ou au quel on aurait décerné le pouvoir suprême, agir d'après son bon plaisir. On est parfaitement dans son droit si, par exemple, on reproche á Napoléon d'avoir sommeillé à Dresde, après la victoire qu'il y avait remportée en 1813, de n'avoir pas couru, intercepter par la corde avec toutes ses forces à l'armée battue qui parcourait l'arc la rétraite en Bohéme, qu'il y aurait dévancée, comme Vendamme l'y devança effectivement, et contrainte à se jeter à la débandade dans l'Erzgebirg, faute stratégique qui a causé sa perte. Mais la lui reprocherait-on justement, s' il n'avait pas été monarque mais général, et qu'il eût vainement proposé à son souverain qui eût été présent à l'armée, cette démarche décisive? De même, quoique par les fictions constitutionnelles le monarque s'efface et la responsabilité des actes du pouvoir exécutif retombe sur les ministres, il n'est pas moins vrai que c'est dans la royauté que réside ce pouvoir, et que le prince qui règne gouverne; qu'aucun amiral sans ses ordres n'aurait pas pris sur lui d'exécuter un plan conçu par des ministres mais non avoué par le monarque, et de la hardiesse et de l'importance surtout de celui que nous discutons, et que par conséquent le ministère du 1.er mars l'eût-il imaginé, il l'aurait vu frappé de nullité par un refus de consentement.

Cette objection est plus spécieuse que solide. D'abord il est très difficile de ranger parmi les attributions de la nature humaine sa susceptibilité à une abnégation de toute grandeur historique, aussi philosophique que la supposerait un tel refus. Comment concevrait-on, qu'en mettant sur sa tête une couronne, on renonce à toute autre vocation que celle de brider un peuple remuant, et que la crainte de voir retomber sur soi-même les effets d'opérations qui eussent donné un nouvel essor, encore plus d'élasticité qu'il n'en a à ce peuple, puisse prévaloire sur la perspective séduisante de faire sa nation plus grande qu'elle n'a jamais été, et de refaire d'un seul coup tout ce qu'avaient détruit des grands revers? Il n'est pas donné de pouvoir se faire une idée d'une telle panique; pour quelle âme royale une gloire si rayonnante pourrait-elle n'avoir point d'appas? D'ailleurs comment concevoir qu'une raison éclairée, par ce qu'elle sait faire justice de bruyantes rodomontades, condamne, pêle-mêle avec celles-ci, des propositions raisonnables et calculées? Comment admettre que le chef d'une nouvelle dynastie manque délibérement le plus saillant des moyens pour l'affermir, ce baptême de sang ou de feu qui seul consolide les dominations nouvelles? Jusqu'à ce que cela n'arrive, une dynastie, qu'on nous permette de pousser la métaphore, ne sera jamais que tout au plus ondoyée. Et quelle occasion magnifique de ranger tous les partis, de comprimer toutes les réactions, de faire disparaître toute nuance par l'absorption dans la plénitude de lumière de la gloire nationale, que celle de rendre la France pour des siècles la seule puissance maritime du globe, et de lui assurer par là la dictature de l'Europe! Il peut ne se présenter point à l'esprit d'un monarque, quelqu' éprouvé quelqu' éclairé qu'il soit, la pensée de féconder d'un tel résultat une complication politique apparemment d'une portée bien moindre; mais pense-t-on que si un homme d'état appellé à ses conseils lui en eût fait la proposition, lui en eût détaillé le plan, énuméré les conséquences, ses yeux ne se seraient pas dessillés, qu'il aurait été vainement adjuré de se rendre immortel en faisant grande et puissante la nation qui l'avait élevé sur le pavois, et qu'il aurait arraché l'oriflamme des mains qui voulaient la déployer? Au surplus si cela fût arrivé, si la volonté de prouver que, quoiqu' entraîné pour un moment par la force d'irrésistibles circonstances sur une pente glissante, on avait parfaitement recouvré son aplomb, qu'on tenait avec une fermeté plus que religieuse et plus que chevaleresque à la parole qu'on eût donné de n'être jamais le premier à rallumer et à jetter au milieu de l'Europe le brandon de la guerre; si l'horreur des ravages d'un fléau dont la conscience, sur la quelle l'âge ne laisse pas d'influer, aurait pu s'exagérer la durée et l'intensité, l'eût emporté sur les séductions de la grandeur vraie, réelle, historique et presque fabuleuse en même temps, dont on aurait fait briller les éclairs aux yeux du monarque sans les éblouir, si le ministre ne fût pas parvenu à dissiper ces frayeurs, à resoudre les objections, à écarter ces indécisions, à faire passer sa conviction dans l'âme du souverain, dans ce cas ce ministre, tout en admirant et respectant les nobles dictées de cette voix de la conscience qu'il n'aurait pas pu reduire au silence, n'aurait pas dû hésiter sur le parti à prendre; seul ou, d'accord avec ses collègues il aurait dû se retirer sur le champ. Quelqu' extrême que fût sa discrétion, quelques soins qu'il eût mis à déguiser, à pallier, à cacher les motifs de sa rétraite, en quelques réticences qu'il se fût enfermé, quelque dénégation de répondre qu'il eût opposé à toute interpellation directe, et quoiqu'il se fût condamné à un silence plein de dignité et de respect, la vérité aurait percé tôt ou tard. On aurait su qu'il avait soigneusement tout prédisposé pour faire tourner à l'accomplissement de grandes vues une affaire qui pouvait impliquer presque l'empire du monde. Idolatré par son pays, une ovation perpetuelle dans l'histoire eût été sa récompense. Il n'aurait pas gaspillé la moitié d'un milliard pour faire du vacarme, se donner des airs de fierté, sonner le tocsin et donner carrière à des velléités d'humeur guerroyante, pour subir, lui le premier, l'humiliation des faits accomplis, après un tapage vaniteux et puéril. Il n'aurait pas mis la sagesse du chef de l'état dans la nécessité d'évincer, comme il dût le faire, un ministère qui voulait armer au su et à la face de l'Europe un million de ses concitoyens par reconquérir au pacha d'Egypte sur le Rhin et par delà des Alpes cette Syrie dont il l'avait laissé déposséder en Asie, et dicter des lois à l'Europe, lorsque l'Europe eût été préparée à écouter ses bravades à la tête de deux millions de combattans, et quand la nation eût faibli sous le poids du découragement, qui en aurait amorti l'élan belliqueux, et qui eût été la conséquence de la honte de voir Méhémet-Ali délaissé et vaincu, l'influence française en orient anéantie, et de ces flottes dont il ne tenait qu'à la France de pouvoir disposer souverainement, la turque au moins, placée sous le commandement d'un capitaine de la marine britannique, ne pouvait être soustraite à devenir anglaise, et instrument de destruction elle aussi de la marine française, que par un revirement d'influence à Constantinople qui ne pouvait plus être l'oeuvre du cabinet des Tuileries. Oui, dans le cas d'un refus, le ministre qui eût proposé ce plan se serait retiré, non avili et bafoué, mais grand comme sa pensée.

Jamais, à aucune époque connue, une nation n'aurait pu être élévée plus facilement au faîte de la puissance. Tous les peuples qui ont réussi à devenir grands, n'y parvinrent que par des efforts inouis, renouvellés, persévérans, par des miracles de courage, de valeur, et de sagesse surtout de la part de leurs hommes d'état. Mais dans le dénouement de la question d'orient, le hazard avait tout fait pour la France. Il avait réuni, et nous le répétons car il est utile de revenir souvent sur ce noeud de l'affaire, dans un endroit parfaitement accessible aux escadres françaises une force navale immense, à qui il ne manquait que l'étincelle solaire pour s'animer. Les rancunes de Navarin, de ce Navarin dans la répudiation duquel le gouvernement de juillet avait beau jeu, car la France y avait participé sous d'autres auspices, ces rancunes, habilement ranimées, pouvaient suffire pour embraser et pousser à se battre avec acharnement cette partie des équipages turcs et égyptiens qu'on aurait laissée sur les vaisseaux auxiliaires. Ce n'eût été aucunement le cas de tancer de perversité la maxime de la légitimité du succès. Ceux qui prétendent qu'en politique ce n'est pas tout de réussir, ne connaissent ni l'homme groupé en ces masses qu'on nomme peuples, bien différent de l'homme à l'état d'individu, ni l'histoire; car celle-ci n'est guère qu'une suite de démonstrations qu'excepté les crimes, tout moyen de réussite est honnête dès qu'il s'agit de l'intérêt de son peuple. Et d'ailleurs que venait de faire l'Angleterre? Elle venait de retirer à la France l'aumône de cette alliance qui se vante d'avoir tenu à l'état de suspension sur la révolution de 1830 l'epée de Damoclés, vers laquelle toute l'Europe paraissait prête à allonger la main pour la saisir, s'en armer et la lui enfoncer au coeur. C'est l'Angleterre elle-même qui venait d'affranchir la France de toute retenue et de toute contrainte, en brisant les derniers chaînons de cette liaison peu naturelle qu'avait cimenté la crainte des hostilités du monde entier; c'est elle qui avait eu la hardiesse de mettre la main dans l'engrenage, et il était naturel, que son corps y passât tout entier. L'Angleterre d'ailleurs, par cette alliance forcée, éphémère, forgée par la decrépitude de Talleyrand, et dont si les dernières phases, la conduite des Anglais dans les affaires d'Espagne, n'avaient pas rompu les attaches à coups de massue, n'avaient pas pu la river non plus, ne cessait pas d'être la même Angleterre dont l'abaissement de la France avait été une oeuvre nationale d'héroïque persévérance, constamment poursuvie à tout prix et à la fin accomplie: c'est elle qui avait fait sécher sur son front le laurier de ses conquêtes, et, sans l'intervention providentielle de la branche ainée des Bourbons, elle n'eût pas été seulement refoulée dans ses anciennes limites, elle eût été morcelée, par le fait de l'Angleterre qui convoitait la Guyenne pour son lot. C'est le léopard qui avait étreint et déchiré à belle dent l'aigle française à Waterloo; c'est des plages d'Albion qu'avait soufflé l'orage Vendéen; c'est elle qui avait pris quatre ou cinq fois l'Europe à sa solde, ameuté, soudoyé, fanatisé les peuples contr'elle, et organisé par son or une espèce de croisade politique permanente. Et la France aurait dû renoncer à s'indemniser de tous ces dommages? A cause d'un pacte illusoire, au fond duquel était seul l'intérêt de l'Angleterre, intérêt que les mains habiles qui ordinairement la gouvernent savent si bien lui ménager toujours, pacte qui d'ailleurs venait d'être rompu, il aurait été interdit à la nation française, sous peine d'être décriée comme malhonnête et perfide, de faire la guerre à son ancienne rivale, au moment qu'elle eût jugé opportun, et quand son tour était arrivé? Quoi, la Grande Bretagne, soit dédain orgueilleux soit parcimonie, pouvait être surprise en flagrant délit de désarmement relatif, et un ministère français aurait dû s'en abstenir, et se targuer pour sa justification d'un romanesque étalage de générosité et de chevaleresque abnégation! L'Angleterre n'avait plus qu'une quinzaine de vaisseaux de ligne et quelques frégates dans la Méditerranée, quelques autres navires, mais en petit nombre, dont trois disséminés dans les parages les plus éloignés, quatre dans ses ports en disponibilité de rade, c'est-à-dire avec tout leur matériel à bord, mais avec des équipages incomplets, et cinq encore dans ses ports servant pour dépôts, pour école de l'artillerie de marine, enfin pas plus qu'une huitaine de nouvelles constructions sur les chantiers, la France peut rallier et lancer sur ce noyau unique de la marine anglaise de quinze vaisseaux une force navale cinq fois plus grande, et on accorderait un bill d'indemnité à un ministère à conscience timorée qui pouvant l'écraser ne le fait pas? Et cela au moment où dans une grande mesure européenne la France est mise en demeure de subir un hautain ultimatum, ou de se voir, par les oeuvres de cette même Angleterre, repoussée et exclue dédaigneusement du giron de l'Europe. Il serait puéril de divaguer plus au long sur des pareilles suppositions; et qu'on sache bien, que si, par l'abus hypocrite des grands noms qu'on a pris l'habitude de faire, on croyait flétrir la conduite que selon nous aurait dû tenir le ministère du 1er mars, en disant qu'elle eût été machiavélique, le ministère du 1er mars aurait pu être fier d'une accusation, qui, bien loin de tourner en flétrissure, lui eût donné identité avec le plus grand maître en politique réelle et non utopique dont l'humanité ait à s'honorer.

Et après tout, dans toutes les guerres ne s'est-on pas décidé à les entreprendre au moment qu'on a jugé le plus favorable? N'a-t-on pas toujours tâché d'en assurer le succès en se ménageant la plus grande supériorité possible soit numérique soit en talens? Si la France avait attaqué les Anglais avec une flotte cinq fois plus forte que la leur, comment ne pas rire, de ce rire inépuisable qu'Homère attribue aux immortels, si on eût crié à la couardise? Quand dans une bataille pour enfoncer le centre d'une armée, pour tourner ses ailes, pour cerner un corp resté en l'air parce que celui qui aurait dû l'appuyer n'a pas pu entrer en ligne, vous reúnissez contre trente ou quarante mille hommes une colonne de soixante ou de soixante-dix mille, et vous faites foudroyer l'ennemi en l'abordant par cent bouches à feu qui précédent votre colonne en vomissant une mitraille meurtrière, que faites vous en pareille occasion qui puisse être différent d'une bataille sur mer engagée avec une grande prépondérance de vaisseaux? Mais nous craindrions de fatiguer cette classe de lecteurs pour qui cette brochure est plus particulièrement destinée, les publicistes et les hommes d'état, si nous poussions plus loin ces démonstrations désormais inutiles de la vacuité et de l'inéptie des récriminations de ce genre*).

Nous conclurons en développant un peu plus notre observation, que ce n'eût pas été une tâche bien ardue pour un homme d'état que les soins préalables propres à assurer le succès de ce plan: la nécessité de s'emparer violemment des flottes d'Alexandrie est un cas extrême, improbable, et dont la possibilité même parait avoir reçu le plus évident démenti par la suite des événemens. Imaginer que ce fier pacha qui est mis au ban du monde s'entête à s'interdire la seule mesure qui peut le sauver, repousse un secours une garantie qui lui tombe des nues, soit atteint d'une démence subite de couardise qui seule aurait pu le rendre revêche, le faire trouver réfractaire aux propositions de la France, est une hypothèse absurde que nous n'avons posée que pour couper court à ces objections frivoles, mais qui éblouissent par fois, si on n'a

---

*) Voyez à la fin la note B.

pas le soin, de les dénicher et de les mettre par le raisonnement dans un état de complète impuissance. Après tout le plan d'un grand exploit doit sortir, comme Pallas de la tête de Jupiter, armé de toutes pièces du cerveau d'un homme d'état; il doit avoir prévu toutes les chances, compté avec tous les obstacles, supposé les cas les plus éloignés et les plus invraisemblables, épuisé toutes les conjectures, parcouru le cercle de toutes les combinaisons possibiles, pour n'être pas sans ressource quelque chose qu'il advienne, pour faire face à tout événement, et ne laisser ouverte aucune porte à l'hésitation et au doute pour ceux qu'il charge d'executer ses desseins. Or, admettons la possibilité que Méhémet Ali, au rebours de ses intérêts, sommé de réunir ses flottes à l'escadre française, menacé de voir la France se joindre sur le champ s'il refuse aux quatre puissances signataires du traité, ne céde point et s'obstine à les garder. Nous disons que dans ce cas même la France aurait dû être en mesure de les enlever de force, et de tirer du sein de ses vaisseaux de quoi remplacer les équipages turcs et égyptiens. Prévoyant l'issue des négotiations, disons mieux, voulant les amener au but auquel il eût visé, le ministère du 1er mars aurait dû insensiblement, sous pretexte de relever et de changer en partie les équipages de l'escadre du levant sans la faire rentrer dans ses ports, y envoyer successivement, et pendant les premiers mois de son administration, nombre de frégates ayant à leur bord un nombre double de matelots et de marins, qui à leur arrivée auraient été repartis sur le vaisseaux: il aurait dû en outre tenir prêtes dans ses ports de l'océan, pour les faire sortir à l'approche du moment décisif, d'autres frégates, auxquelles il aurait donné des commissions publiques pour les mers de l'Amérique et des Indes, mais que des instructions à ouvrir à la mer auraient fait dévier de cette route, et, pourvues elles aussi d'un surcroît d'armement, se rendre à la flotte du levant: il aurait dû réunir le plus tacitement qu'il eût pu le faire, et, si la chose s'ébruitait et qu'on lui eût demandé des éclaircissemens, sous prétexte d'envoyer des renforts en Afrique pour y frapper un dernier coup et en finir avec Abd-el-Kader, tous les bateaux à vapeur de l'état dans différens ports de la Méditerrannée, y avoir échelonné des corps nombreux d'artilleurs, d'infanterie de la marine et de matelots, et les envoyer tous réjoindre la flotte d'orient au moment du départ de l'amiral à qui l'éxécution de son plan aurait été confiée. Alexandrie aurait été désignée comme point de réunion, pour les rétardataires qui n'eussent pu réjoindre l'escadre à son mouillage connu, et dont elle aurait dû habituer les Anglais à la voir s'éloigner de temps en temps sans défiance et sans soupçon, l'y voyant toujours revenir après des courses et des croisières d'éxercice plus ou moins longues.

Par ces mesures, qu'une habileté de peu au dessus d'une habileté vulgaire eût suffi pour masquer, et tenir dans l'ombre jusqu'à ce que le moment d'agir ne fût venu, la flotte francaise aurait paru à Alexandrie avec des équipages non seulement au grand complet, mais bien au delà de ce nombre, et avec assez de frégates, puisque les vaisseaux d'un trop grand tirant auraient dû rester à la mer en dehors des passes, pour pouvoir par un coup de main hardi brusquer l'affaire, et, coupant net à toute temporisation orientale, s'emparer pour quelques jours ou quelques heures d'Alexandrie, clouer les batteries s'il y en avait dominant l'intérieur du port, faire remorquer rapidement hors des passes par les bateaux à vapeur les vaisseaux de ligne, laisser sur la plage la grande partie de leurs armemens turcs et égyptiens qu'y stationnait, y rejetter celle qu'on aurait trouvé au bord des flottes au moment de s'en emparer, les pourvoir de marins et de soldats français si non au complet au moins en nombre suffisant pour faire remuer et utiliser ces lourdes machines, et suppléer par la vivacité, la bonne volonté et la soif de gloire des siens à l'absence forcée des Turcs et des Égyptiens.

Si, comms nous croyons l'avoir assez prouvé, on eût trouvé le pacha non récalcitrant mais transporté de joie de pouvoir concourir pour sa part à l'oeuvre devenue si simple et si sûre de sa rédemption, la surabondance de marins français et de troupes de la marine sur l'escadre aurait toujours été une mesure excellente, car elle mettait à même d'aborder les Anglais avec un surcroît de force, et de pourvoir les escadres auxiliaires d'une active surveillance moyennant le nombre d'officiers de soldats et de marins dont elles auraient été garnies, pour se prémunir contre toute défection, quoique non probable, au moment de l'action, et pour assurer cette harmonie, cette promptitude, cet ensemble dans les manoeuvres qui sont si décisifs dans les combats maritimes.

Au surplus il fallait s'arranger de manière que tous les renforts possibles, toutes les voiles de guerre dont la marine française aurait pu disposer eussent réjoint la flotte d'orient au moment, mais pas plutôt, qu'elle eût dû appareiller pour Alexandrie, eût-on dû même faire revenir inopinément, et sans qu'on y eût su par où elle faisait route au moment du départ, l'escadre de blocus du fleuve de la Plata. Car il y avait encore à se prémunir contre un cas, difficile il est vrai à prévoir, mais possible après tout, et auquel il fallait donc avoir pourvu toujours; c'est qu'il eût été enjoint à l'amiral Stopford dans ses instructions secrètes: „Si vous apprenez que la flotte française du levant se rend à Alexandrie, suivez-la, et livrez-lui bataille.“ Il fallait donc l'augmenter de manière qu'elle eût une très forte supériorité numérique, et telle que, ce cas échéant, elle pût vaincre toute seule et avant qu'elle eût rallié les escadres d'Alexandrie. Il va sans dire, qu'en route, et pendant son court séjour à Alexandrie, elle aurait dû s'éclairer soigneusement. A ces fins, dans le but de ne point éveiller de soupçons quand la crise aurait approché, elle eût dû, depuis plusieurs mois, faire croiser dans les parages où eussent stationné les Anglais des bâtimens fins voiliers ou à vapeur, pour être bien renseignée, apprendre au plus vîte si l'escadre britannique cinglait vers elle, et avoir le temps, si cela arrivait pendant qu'elle etait à Alexandrie, de reprendre la mer avec les vaisseaux du tirant le plus moindre et les nombreuses frégates qui seuls auraient dû y entrer. D'ailleurs, règle suprême, tout devait être sacrifié à la célérité, et il eût été toujours préférable, même sans un cas extrême, d'en finir sur le champ avec l'extraction des escadres; car rien d'essentiel n'aurait été changé, l'affaire n'aurait pas pris aucune tournure sinistre, s'il eût été nécessaire, ces escadres une fois ralliées au mieux, de faire une course à Toulon pour y compléter leur armement: mais à Toulon aussi on aurait dû être bien préparé, et avoir sous la main abondamment et sans délai tout ce dont elles auraient pu avoir besoin, y compris le plus grand nombre possible de pièces à la Paixhans.

Nous croyons avoir entouré cet exposé du système qu'aurait dû suivre le ministère du 1er mars à l'egard de la question d'orient, d'assez de preuves, que l'intérêt suprême de la France son honneur, et une réunion fortuite de circonstances qui ne se renouvellera jamais peut-être, le lui prescrivaient impérieusement. Son aveuglement sous ce rapport est si étonnant, l'aveuglement de l'Angleterre a été si profond sur le danger qu'elle courait, et qu'elle pouvait courir à tout moment, en se tenant si dégarnie des moyens de domination et de défense que lui commandent sa position insulaire et son empire immense mais fractionné dans les cinq parties du monde, l'Europe toute a paru si aveugle à cet égard, aucun des publicistes appartenant aux nations qui y avaient le plus grand intérêt, n'ayant aperçu ce qu'on devait faire, ou sonné le tocsin pour s'en prémunir, l'Europe est sortie si nette de ce faux pas, elle a été si heureusement préservée de ce grand bouleversement des rapports dont son organisation politique se compose, que cet aveuglement ne parait pas naturel. On dirait qu'il a été providentiel, et que le doigt du Tout-Puissant s'est appesanti sur la paupière de ceux qui pouvaient faire leur profit de l'erreur capitale des Anglais, et de ceux qui auraient dû redouter les conséquences de leurs nouveaux et fautifs erremens, pour que la vanité humaine reçût une nouvelle leçon, grande dans sa simplicité comme est simple et grand tout ce qui est l'oeuvre de Dieu, du peu de chose qu'est l'homme, et comme le néant le saisit et le frappe, toutes les fois que la Providence ne juge pas de s'en servir pour l'accomplissement de ses mystérieux et impénetrables desseins.

NOTES.

Note A. En disant que les puissances continentales n'étaient pas en mesure d'entrer en campagne immédiatement, nous croyons avoir avancé une proposition assez vraie. Quelque préparé qu'on y soit, il faut toujours du temps pour mobiliser des corps d'armée, et ce temps, absolument nécessaire, peut être utilisé par l'état qu'on se propose d'attaquer, selon le plus ou moins de patriotisme et d'activité qu'il déploie. L'Autriche particulièrement n'avait, à l'époque dont il est question, ni complété ni armé ces fortifications dont elle hérisse ses états d'Italie, et dont il pourrait être douteux, si elle tirera des dépenses énormes que ces ouvrages lui coûtent tous les bons effets qu'elle en attend. En relevant les forts et l'enceinte bastionné de Vérone, en fermant les gorges tyroliennes du côté de l'Italie par la forteresse de Brixen, il est clair qu'on n'a vu d'autre possibilité pour la France de faire la guerre en Italie et de l'envahir, qu'en renouvellant ce qu'à fait Napoléon. Mais un nouveau général ne pourrait-il pas se conduire dans une telle guerre d'après d'autres principes, avec des vues differentes? C'est dans la supposition que les armées autrichiennes, battues dans le Piémont et dans les plaines de la Lombardie, fussent contraintes à une rétraite, qu'on a voulu leur préparer à Vérone un grand camp retranché, dont Mantoue et Peschiera seraient comme deux grandes redoutes avancées: à l'abri de ces remparts, l'armée pourrait se réorganiser, se défendre, attendre des renforts. Mais une deuxième armée française, débarquée en peu de temps par les bateaux à vapeur sur les plages de la Méditerannée, mise elle aussi sous le commandement suprême du chef de celle des Alpes pour ne point scinder l'unité de la pensée militaire, pourrait en même temps franchir les Appenins, et par des marches concertées, accélérées ou ralenties selon les circonstances, s'avancer sur le Po inférieur, le passer, occuper sur sa rive gauche le pays intermédiaire entre ce fleuve et le Bas-Adige et y attendre l'armée venant des Alpes. Celle-ci, après ses victoires, dédaignant même de laisser des troupes pour masquer son mouvement, se jetterait rapidement sur la droite du Po, et la longeant, irait, sans se donner le moindre repos, le repasser plus bas pour se joindre à l'autre armée déjà postée sur la droite de l'Adige. N'est-il pas évident que les troupes enfermées à Verone et à Legnago, si ce dernier n'était pas emporté, prises en écharpe par ce mouvement, devraient se hasarder de nouveau dans les plaines, et encore sous le coup de le démoralisation, qui est, plus ou moins, la conséquence d'une déroute? Car ce ne peut guère être que comme remède dans la supposition d'un cas de revers qu'on a tracé le plan de défense que l'ensemble de ces travaux révèle. Si, au contraire, l'armée réfugiée à Vérone et à Mantone n'en quitte pas les remparts protecteurs, elle laisse maître l'ennemi de la tourner complétement, de s'enfoncer par les Alpes Juliennes dans le coeur de la monarchie autrichienne, et de se mettre en mesure de donner la main s'il était nécessaire aux armées françaises d'allemagne. Dira-t-on que l'Armée de Vérone, ayant recouvré son courage et retrempé ses forces, l'y suivra, le débordera, le devancera par le Tyrol qui lui resterait ouvert? Mais l'envahisseur ne demandera pas mieux; il se retournera, et il est vraisemblable, que si l'armée descendue des Alpes avait vaincu une première fois tout seule, elle ne succombera pas lorsque ses forces auront doublé par sa jonction avec l'armée venue par mer. On ne saurait nous objecter autre chose si ce n'est que cette armée, en s'éloignant, se séparerait tout-à-fait de sa base d'opérations. Nous pensons que dans les derniers temps on s'est peut-être exagéré un peu trop l'importance de la théorie des bases d'opérations. D'abord dans toute guerre d'invasion cette base doit être naturellement changeante, et tout pays cultivé et peuplé, pourvu qu'on le ménage, peut assez remplacer pour une armée victorieuse sa base d'opérations primitive. Napoléon lui-même s'en était bien séparé quand il envahit la première fois, en 1796, les états héréditaires; bien plus, il avoit mis entre sa base d'opérations et lui, un pays foulé, écrasé, rendu ennemi, les états venitiens. Cependant ce n'est ni l'insurrection de ces derniers, ni le besoin de se rapprocher de sa base d'opérations, ni les lenteurs de Moreau qui amenèrent les préliminaires de Leoben; c'est qu'il entrait dans ses arrière-pensées de se poser comme pacificateur de l'Europe et de trancher de maître vis-à-vis du Directoire. Quelque grand que soit le respect que méritent les idées de ce maître souverain dans l'art de la guerre, il se pourrait cependant qu'on eût poussé un peu trop loin l'empressement à prendre pour des oracles sans replique tout ce qu'il a dit dans son style aphoristique sur la nécessité que toute attaque contre l'Autriche soit double, c'est-à-dire également forte et du côté de l'Allemagne et du côté de l'Italie. Il a bien prouvé lui en 1805 et en 1809 que l'attaque pouvait se faire avec succès d'un seul côté. In 1805 Massena avait été battu en Italie, à Caldiero, par le prince Charles, et en 1809 le prince Eugène Beauharnais à Fontana fredda, et cependant Napoléon, venant d'Allemagne, poussa tout seul jusqu'à Vienne, et en 1805 bien au delà, loin de sa base d'opérations, au coeur de la Moravie, où il dût à l'impatience de Kutusow et à l'orgueil de vaincre tout seul, de voir se changer en victoire éblouissante la chance unique qui lui serait restée, de mettre bas les armes cerné de toutes parts, si les Russes avaient attendu le renfort de 45 mille hommes que leur amenait Buxhövden, le prince Charles qui revenait victorieux d'Italie, et la levée de boucliers de la Prusse qu' Haugwitz devait annoncer; tant est aveugle et folle cette fortune de la guerre et des batailles, qui en égarant une division française et la faisant tomber sur les derrières du train de l'armée autrichienne engagé dans les défilés de la forêt d'Hohenlinden, donna encore une des deux plus grandes victoires des temps modernes à ce Moreau qui aurait dû y être pulverisé, car il y avait été pris en flagrant délit, forcé très habilement d'accepter le combat avec ses corps en l'air, c'est-à-dire séparés entr'eux et quelques uns par des intervalles de vingt lieues. Cependant, pour revenir à l'oracle de la double attaque dont nous avons parlé plus haut, il parait que c'est encore cet oracle qui a suggeré l'idée d'intercepter les gorges de Brixen par la Franzveste; mais celle-ci elle-même ne pourrait elle pas être tournée aussi par la nouvelle route presqu' aérienne du Stelvio, si on n'avait pas le temps de la défoncer dans une retraite précipitée et soudaine? Nous pensons que d'après les doutes que nous venons de soulever, on nous accordera que c'est un grand problème que le résultat des fortifications gigantesques dont l'Autriche couvre l'Italie, et qu'il serait bien possible qu'au bout du compte elles n'en eussent d'autre que celui que nous prévoyons, le déplacement dans le nord de la Péninsule de l'ancien théatre des opérations des armées belligérantes.

Note B. La difficulté du succès ne gissoît dans aucune de ces objections de fait qu'on aurait pu élever contre notre hypothèse, et dont nous n'avons parcouru la série fastidieuse, que pour mieux étayer notre idée en les détruisant, et pour la mettre sous l'égide d'une conviction logique. Cependant on ne saurait nier que des difficultés existaient et de bien grandes; c'était tout d'abord de pouvoir et de savoir garder le secret; venait ensuite la question de la célérité. Quant au secret, il a dû être et il a été toujours difficile à garder chez une nation si communicative que la française, et qui éprouve un besoin si grand de s'épancher; et si dès que l'idée du plan dont nous parlons aurait été conçue par le chef du ministère, elle eût dû être communiquée à tous les membres du cabinet, il est de toute vraisemblance que, malgré eux, elle se serait ébruitée par la force des choses qui est tout-puissante. Mais l'Algérie était là fournissant à un diplomate escrimeur le moyen de donner le change à tout le monde. Pour tout homme qui a des millions en fonds secrets à sa disposition, ce n'eût pu être qu'un jeu que de faire soulever par la presse parisienne le bruit le plus étourdissant sur la honte de n'avoir pas encore terrassé le nouveau Jugurta qui dispute l'Algérie à la France, et de procurer à ces cris d'indignation un grand retentissement dans la presse départementale. Dès lors le chef d'un cabinet homogène et composé par lui-même, eût facilement persuadé à ses collegues la nécessité d'acquiescer à la voix impérieuse de la nation, et il se serait fait aider par eux énergiquement dans des préparatifs dont personne n'aurait eu le dernier mot, n'aurait su le vrai but. Même à la veille de l'éxécution, la connaissance du plan aurait dû se borner à quatre personnes, le roi, les ministres de la guerre et de la marine, et l'amiral chargé de l'entreprise; car il ne faut pas oublier, pour résumer en un seul exemple toutes les leçons de l'histoire sur l'importance du secret, que si M. de Cellamare eût su mieux dérober ses projets, le régent, sous Louis XV, eût été enlevé, et la souche orléanaise qui eût seché peut-être, a refleuri au contraire par cet enlèvement avorté. Quant à la célérité dans l'exécution, c'est le pivôt sur lequel tourne tout plan bien mûri, et tout grand succès peut manquer par le moindre retard. Sous ce rapport il s'est passé quelque chose dans la dernière insurrection de la Pologne qui n'a pas été remarqué par les contemporains, mais dont il est utile de léguer à l'histoire la connaissance, et qui prouve en toute évidence comment l'accomplissement des choses les plus grandes, les plus inouies, les plus imprévues peut tenir à la vîtesse, si on a le coup d'oeil nécessaire pour les démêler dans les espaces du possible, aussi vastes que les espaces des cieux. Lorsquo les anciennes provinces du royaume de Pologne réunies depuis les partages à l'empire de Russie, s'insurgèrent, Diebitsch morcela son armée en nombreux détachemens qu'il y envoya pour comprimer ces révoltes sur ses derrières. Szkrinezky partagea à son tour la sienne en plusieurs corps d'armée qu'il mit aux trousses des détachemens de Diebitsch, avec mission de soutenir l'insurrection des provinces. Il aurait dû n'en rien faire, tout en ayant l'air d'y procéder sur le champ, en mettant à l'ordre du jour la composition des détachemens, en nommant les généraux, en faisant même partir ces corps, pour mieux endormir l'ennemi et lui cacher son vrai projet, qui eût dû consister à leur faire rebrousser chemin inopinément, pour tomber tout-à-coup avec toutes ses forces réunies sur le simulacre d'armée que Diebitsch avait gardé autour de lui, se jetter, après l'avoir écrasé, dans la Lithuanie, y battre le corps qui s'y était rendu, et, emmenant avec lui la nombreuse insurrection de ce pays, se lancer dans les colonies militaires russes du nord, qui en désespoir de tout pardon après le massacre qu'elles venaient de faire de tous leur chefs, dont la révolte qui y éclata à cette époque a été ensanglantée, lui fournissaient un renfort de trois cent mille hommes presque, armés, equipés, exercés, et qu'il eût été assez facile à un homme entreprenant de gagner et d'entrainer à sa suite. Que serait-il arrivé si Szkrinezky concevant ce plan, avait paru en quelques jours devant Petersbourg à la tête d'un demi-million de combattans, dont la moitié au moins aurait été mise par lui dans la nécessité d'assurer son impunité par la victoire? Mais c'est précisement dans cette hypothèse que tout aurait tenu à avoir la rapidité du trait: aussi le cabinet de Saint-Petersbourg, dont le coup d'oeil et le tact sont admirables, et qui depuis long temps est un modèle à étudier soigneusement par tous ceux qui se vouent aux sciences diplomatiques, n'hésita-t-il pas un instant à envoyer dans les colonies militaires du nord insurgées, leur apportant un pardon absolu et l'oubli complet du passé, ce comte Orloff, qu'on voit dans les époques de l'histoire de Russie les plus rapprochées de nous paraître si souvent ou il y a un grand danger à courir ou une tâche ardue à accomplir, et qui ramena à la soumission ces égorgeurs impitoyables de leurs chefs, dont les Polonais auraient pu se faire des implacables vengeurs. On ne saurait contester que la Russie n'ait été menacée à ce moment d'un grand désastre, n'ait couru sous ce rapport un danger auquel elle a échappé miraculeusement. Mais c'est tout simplement du côté historique que nous en faisons la remarque, et eu répudiant toute intention qu'il en rejaillisse le moindre reproche sur qui que ce soit. Il n'est donné à personne d'être à volonté grand capitaine et grand homme d'état; la nature seule sait les jetter dans un moule à elle, et après les avoir formés, elle en laisse périr Dieu sait quel grand nombre, faute de circonstances qui les favorisent et les mettent en évidence. Le calcul qui multiplie les masses humaines par la vîtesse est un calcul très épineux, et c'est principalement parce qu'il en était grand connaisseur que Napoléon a étonné le monde, quand ce terrible joûteur, au début de sa carrière, paraissait, comme Cadmus, avec sa poignée de soldats ensemencer d'hommes cet échiquier de la haute Italie qui a vu l'aurore de sa gloire et en a été le plus beau théâtre. D'ailleurs Tyrthée parcourait bien les rangs des Spartiates, jettant par tout la flamme de ses chants, mais quand il s'ébranlaient, ce n'était pas le poëte qui les menait au combat; et il serait injuste d'exiger d'hommes écrasés par des immensités de détails cette lucidité avec laquelle on pese et on évalue les événemens, on se rend compte de leurs conséquences probables ou possibles, dans le calme et la sérénité du cabinet.

Monsieur!

Le journal que vous dirigez, Monsieur, et qui est l'honneur de la presse périodique de nos jours, a jetté, par une discussion savante, circonspecte et forte de raison et de logique, tant de clarté sur cette grande question d'Orient qui remue et qui brasse presque la totalité du globe, que voulant soumettre à l'examen et à la solution des publicistes un problême qui se rattache à cette même question d'Orient, si palpitante d'interêt pour tant de peuples, c'est à votre journal que je crois devoir en adresser un exposé tracé d'une manière large et rapide.

Veuillez bien envisager cette démarche de ma part comme dictée par l'admiration qu'inspire l'excellent esprit de rédaction qui a rendu les Débats un grand foyer de lumière en politique, en philosophie et en littérature, et en l'admettant dans vos colonnes, proposez au monde savant ce haut problème de politique transcendente.

Si le gouvernement français, aussitôt que la conclusion du traité du 15 juillet lui fût connue, eût préféré à la marche ingénue et chevaleresque qu'il a tenue, de suivre, et même assez de loin, les erremens, je ne dirai pas de ministres aventureux d'autrefois tels que le cardinal Alberoni par exemple, mais de l'Angleterre elle-même à des époques très rapprochées de nous, quand elle fit, sans déclaration de guerre préalable, bombarder Copenhague, enlever la flotte danoise, et attaquer et saisir les galions du Mexique, voici les mesures qu'il aurait pu prendre.

Deux flottes nombreuses, et, d'après le témoignage qui en a rendu tout recemment l'amiral Stopford, dans un très bon si non dans le plus parfait état, avaient été réunies dans le port d'Alexandrie par un de ces hazards qu'aucune volonté forte, aucun génie prévoyant et tout-puissant qu'il pût être, aucun plan conçu par un homme d'état supérieur, ne saurait produire, mais dont les hommes d'état peuvent tirer parti, ou même ont devoir de le faire.

Le maître de ces deux flottes ne demandait pas mieux que de les mettre entièrement à la disposition de la France: en butte à la colère des autres grandes puissances, il ne pouvait qu'espérer en elle, et dans les discours solennels qu'il a tenus en cette occasion, il a déclaré, ce qui d'ailleurs était très naturel dans sa position, qu'il aurait été au comble de ses voeux s'il lui avait été donné de rénuir ses armes à celles de la France.

Celle-ci, dès qu'un pacte européen conclu sans elle l'avait en conséquence mise en dehors de la ligue des rois, était par la raison d'état autorisée à pourvoir d'elle-même à ses intérêts, à prendre ses précautions, et surtout à profiter des circonstances pour infliger une punition sevère à cette défection sans cause apparente de son ancienne alliée, dont les suites peuvent encore devenir graves et déplorables pour la France et pour le monde.

Si donc le gouvernement français avait envoyé sur le champ un homme d'action et de confiance prendre le commandement de ses escadres du Levant, les amener à Alexandrie, y porter au pacha un acte de garantie de la part de la France de tout ce qu'il possédait, à la condition de mettre sous son commandement absolu et sans aucun délai toutes ses forces navales, cet amiral français, ayant par les trois flottes ralliées une prépondérance immense, aurait dû, rapide comme la foudre, mettre à la voile, et chercher attaquer détruire la flotte anglaise de la Méditerranée, la seule qu'une imprévoyance léthargique avait laissé en état d'agir à la belliqueuse Albion. Cette flotte, eût-elle eu une nuée de géans pour équipages, aurait dû succomber sous une disproportion numérique de force si grande et si inouie.

Après cette première campagne de quelques jours, les vainqueurs auraient dû se rendre dans la mer Noire, et après sans relâche dans la Baltique, pour faire éprouver aux flottes et aux établissemens maritimes des Russes les mêmes effets désastreux de cette réunion inopinée de la marine française et égyptienne en colosse destructeur.

En revenant de la Baltique, les trois flottes auraient foudroyé la nouvelle escadre que la patriotique Angleterre aurait enfanté dans l'intervalle, et ce que la marine française éprouva sous Napoléon, la défaite partielle de ses escadres, et la perte un à un de ses vaisseaux à fur et à mesure qu'elle les construisait et les hasardait à la mer, eût été à son tour le partage de l'Angleterre: le sceptre des mers eût été arraché de ses mains, et brisé pour jamais sur les rochers mêmes dont elle s'hérisse.

Ce n'est pas dans ce qui précède que gît le problême dont je parle, car tout ce que j'ai avancé jusqu'à présent n'est pas problématique du tout; ce n'eût été guère que des conséquences inévitables, dans la supposition que le gouvernement français eût pris cet essor, et l'initiative dans les événemens.

La question que je propose aux publicistes c'est de savoir quelles auraient pu être les conséquences d'une démarche courageuse mais sûre, par laquelle le gouvernement français se serait lancé dans la lice qu'on venait de lui ouvrir.

Aurait-elle produit une guerre longue et acharnée, ou n'aurait-elle pas, après une très courte perturbation, assuré et raffermi la paix pour long-temps?

Le résultat immédiat dans cette hypothèse eût été de rendre la France pour un siècle au moins, et jusqu'à ce que l'Amérique eût grandi et mûri, la seule puissance maritime du globe.

Or les puissances continentales, qui sans les grandes fautes de Napoléon et sans l'argent de l'Angleterre, souveraine alors de l'Océan et réalisant cette thalassocratie pour laquelle tous les peuples ont combattu toujours, n'auraient pas pu parvenir à vaincre la France seule et sans marine, auraient-elles engagé une guerre à outrance, une lutte à mort contre cet aggregat compacte de trente-quatre millions d'hommes, devenus seuls maîtres sur toutes les mers, disposant de tout l'Orient, et, après avoir anéanti toute autre force maritime, resaisissant d'une main le glaive de Napoléon, et tenant de l'autre lévé haut sur le monde le trident de Neptune?

Voilà un champ vaste d'étude, et un sujet digne peut-être qu'on l'éclaircisse, car, quoique maintenant devenu hypothétique l'occasion en ayant été manquée, il en peut jaillir des lumières et de l'instruction pour les temps à venir.

En politique rien ne s'opposait à l'adoption de ce plan; ce sont les événemens et non pas les hommes qui l'avaient fait; il en était surgi tout armé comme Minerve de la tête de Jupiter; l'exclusion de la France était flagrante, flagrante la défection de son alliance, et sans motifs susceptibles d'être avoués, de la part de l'Angleterre; et la raison d'état, souveraine arbitre dans ces affaires, pouvait même s'entourer de légalité moyennant une déclaration de guerre fortement motivée qu'on aurait fait paraître en même temps.

On s'efforcera vraisemblablement de flétrir par une vague et bannale accusation de machiavélisme ce que je vais ajouter; je n'entends pas du tout passer condamnation là-dessus, car la latitude de la raison d'état est grande; c'est une science qui a et doit avoir pour être telle son côté philosophique et idéal; et comme elle n'est pas cette politique pratique qui roule dans un cercle tracé et étroit, elle n'a pas garde de s'en préscrire la conduite, ordinairement parcimonieuse d'hardiesse, rampante, trafiqueuse, gagne-petit, et elle dédaigne des improbations qu'on résume en détournant un grand nom en injure. J'avoue donc franchement que j'ai cru lorsque le traité du 15 juillet s'ébruita, que l'exclusion de la France avait été l'oeuvre adroite et sagace d'une habileté souple, déliée, à arrière-vues de ses hommes d'état, pour se ménager un titre, et remarquez que je ne dis pas un prétexte, à frapper le grand coup, auquel des circonstances uniques, et qui ne se renouvelleront jamais peut-être, semblaient les inviter puissamment, et par lequel la France aurait monté tout-à-coup au zénith de la grandeur, aurait atteint le point le plus culminant de la puissance.

Il est inutile de détailler ici par quelles mesures tacites des hommes qui disposaient de si grandes ressources auraient pu, dans la supposition qu'ils eussent visé à ce grand but, assurer encore plus un succès qui par lui même n'avait point de chances. Les publicistes verront après tout, s'il n'a pas été hereux peut-être pour le repos du monde et de la France elle-même, que ses destinées aient été confiées en cette circonstance à des hommes, qui ont préféré le rôle modeste de simples ministres à l'autre chanceux mais magnifique de grands hommes d'état.

Agreez, Monsieur, les assurances de la considération distinguée avec laquelle j'ai l'honneur d'être, ec.

Florence, 28 Octobre 1840.

Imprimé par Bernh. Tauchnitz jeune.

www.ingramcontent.com/pod-product-compliance
Ingram Content Group UK Ltd.
Pitfield, Milton Keynes, MK11 3LW, UK
UKHW022136260726
13993UKWH00003B/1485